JN438516

김계식

영혼의 아침

영혼의 아침

김계식 시집 ㉓

시인의 말

정적의 새벽을 열고
들려주시는 저 하늘나라의
맑은 소리

어렵게 받아 적은
제 둔한 필사를

'영혼의 아침'으로
승화시키도록 도와주신
모든 분들께 감사를 올리며

엄동설한을 잘 넘긴 봄소식을
전하고 싶은 제 마음
여기 시의 그릇에 담아 올리니
기쁨으로 받아주시기 바랍니다.

2019년 새봄
종남산 자락에서
瀛州 김계식

목 차

제2장

눈 위에 쓰는 연서

제3장

달이 빚은 독백

제4장

시 쓰는 벌과 별

제5장

평온의 날개 밑에

발문

제1장

꽃 나들이

꽃 나들이

부단히 샘솟는 옹달샘
퍼감보다 더 빨리 채우는 화수분

온 산야는
뭇사람들에게 꽃 대궐 한 채씩을 안기고도
넉넉하고 고운 꽃으로
넘쳐났다

눈 가득
깊은 숨결 들이마셔
예쁜 모습 짙은 향 그득 채우고
행여 새어나올까 꼭 여민 침묵

통째 꽃이 된 너를 바라보는
기쁨이면
더 바랄 것 없는 꽃 나들이 아니랴

무념 공간을 훨훨 나는
한 마리 나비가 된다.

무화과

둥근 열매 안이
꽃의 바깥일지니

꽃이 없다는 건 어불성설

우리의 빈 마음
속으로부터 가득 채우는

이 세상
가장 아름다운 꽃.

부레옥잠 꽃 앞에 앉아

돌확의 퀭한 공허를 그득 채우고 싶음에
물 가득 담아 너를 앉힌 건
내 좋아하는 옥잠화 가족일 것이라는
네 이름 때문이었지

물 위 노니는 흰 구름을 희롱하는
네 잔잔한 유영
여리되 청순한 엷은 보랏빛 띤 흰 꽃송이
땡볕을 잊고 네 앞에 쪼그리고 앉아
세상을 새로이 읽게 만들리라곤 생각지 않았다

부평초 떠돌이 삶의 안쓰러움을
연꽃의 고고한 아름다움으로 닦아내면 되겠지
그런 기우쯤 말끔히 떨쳐내는
고운 무희 심신 다 바친 학의 날갯짓을
이렇게 쉬 접하리라 생각이나 했으랴

나 한 송이 부레옥잠 꽃이 되어

시간 흐름 잊고 사는
내 둥지의 삶을
사방팔방 실어 나르는 기쁨을 안았으니

이제
어디선가 들려오는 사랑의 노래
화답으로 들린다.

고엽

뚝 떨어진 고운 이파리
다독이는 눈길에
불어오는 바람 밀치며 제자리 지키다가

나무줄기 제 바지춤 추키며
내일 살아갈 아련한 꿈 추스를 때
낙엽은 핏기 말라가는 희멀건 눈으로
먼 지난날만 더듬었지

기어이 혼절하고 만 순간
바람은
뿌리 쪽 움켜쥔 손아귀마저 풀어내고
맺은 연 하나하나 끊어냄에

품어온 귀함들
빗물에 씻겨 바다 밑에 이르러
지상의 뭇 소식을 전하는 전령사가 되고
칠흑 어둠 헤치고 하늘에 올라
초롱초롱한 별이 되었지.

해바라기

길고 무덥던 여름 내내
무거운 고개 쳐들고
한 방향만 응시한 일편단심과
몰래 제 새끼 슬고 싶은 햇빛 속마음의 합치

구름의 유혹은 얼마였으며
뭇 꽃들의 보챔은 오죽했으랴
똑똑 여문 까만 결실
밤하늘의 작은 별빛인들 어찌 그냥 넘겼을까

새길수록 하늘바라기인 '해바라기'
'숭배'와 '기다림'

한 알 한 알의 씨앗에 고이 갈무리한 생명
긴 인고의 시간을 넘어
새로이 피어날 그날을 위해
내 우러름 벌써 한 방향으로 물들고 있었다.

하얀 빗자루

갈대와 억새
아직 때 묻지 않은 하얀 빗자루
밤새 하늘을 씻었나보다

먹장구름 씻기며 어둠도 씻긴
말간 하늘
떠오르는 빛으로 티 없이 곱다

바람결에 춤추며
제 공을 감추려 해도
그 모양새 '하늘하늘' 내뵈는지라
너 나 없이 그들의 노고임을 모르는 이 없다

덩달아 깨끗이 씻기는 마음
그 또한
가을 복판 그들의 업적일지니
굼니는 물결 따라 어깨춤 추자.

솟대

굽은 몸뚱이 부끄러워
한 세상 굽혀 살다가

어느 날 문득
새 모양으로 거듭나서
높다란 장대 끝에 올라앉은
한 마리 새가 되었다

하늘의 서기 내려오는 통로 되고
상달하고픈 기도의 촉이 되니
공중을 날고 피돌기가 이어졌다

깊은 밤으로만 껌벅일 것이라는
그의 눈빛으로
저 미답의 세계 찾아가고픈 바람

아무도 눈치 채지 못하는
까만 새가 되어
호기심 그득한 공간을 비상하고 있다.

백양사 젖어들어

잊은 듯 살다가
오랜만에 찾아가니
산등성이 기울기도 물 흐르는 소리도
그 옛날 그대로이다

백양사 흰 양은
막아도 흐르는 긴 세월을
제 뿔에 얹어 감아
호른(horn) 동그라미 키우고 있다

저 아래 들녘을 향해
새끼 부르는 소리
더 두툼해진 숨결로
울려 퍼져 나간다

덩달아
내 마음도 보드라움이 그득해져서
스르르 눈이 감긴다.

계절의 고비

자지러지던 매미 등을 타고
고비를 넘어간 늦더위
잔광의 틈새에 끼어 머뭇거리던 놈마저

회광반조 같은 막판 내세운 뒤
한 해를 마감하고 동안거에 들어가는
선풍기 날개에 얹혀
끝내 뿌리를 뽑히고 말았다

뾰족이 고개 내미는 벽난로
다가서는 잔기침에도
항거하지 못하는 안쓰러움이
아직은 동정의 눈길 받지 못하는
더위 넘기는 계절의 고비였다.

어느 가을

출렁이던 물결 잠재우고
높푸른 하늘 깊게 내려앉힌
둠벙

장구잠자리 큰 원을 그려도
소금쟁이 성긴 걸음을 걸어도
조금도 흔들림 없는
고요

허기진 곤줄박이 한 마리
물 속 뒤집혀 나는 새
먹이 삼으려 쏜살같이 달려들어
먹을까 먹힐까 한 데 엉기니

농익어가던
호수의 살갗
한 순간에 산산이 부서지고

눈 뒤집힌 욕심만
추레한 몰골로
푹 꺾인 고개 가누지 못하고
뒤뚱뒤뚱 뒷걸음치고 있는

어느 늦가을
고래실 둠벙 가에 펼쳐진
보기 드문 정경 하나.

가을 속에 심기다

추월산
겪은 세월 또록또록 익힌 열매
담양호 맑은 물길 속에 갈무리하는
늦가을 뒤 나절의 고요

한 꿰미로 엮어도 하잘 것 없는
승용차 안 가득 채운 갖가지 대화
추임새로 끼워 넣고
통째 제 것인 양 시치미를 달았다

끼어드는 미물쯤
스치는 바람결보다 더 가벼이 여기며
물에 비친 제 모습 곱게 가다듬는
가을 정경

우리는 끝내
한 포기 풀 한 그루 나무로
촉촉이 내리는 비 한 방울 한 방울
깊은 호흡으로 받아 안으며
그의 편린으로 자족해야 했다.

거저 오지 않는 계절

몸뚱이 쏙 빠져나간 매미 껍데기
조금도 흐트러짐 없는 형체로
지난 세월의 무늬를 움켜쥐고 있더니

느티나무 이파리 사각대는 바람소리에
잠 깨었는지
멀리서 들려오는 풀벌레 울음
귓바퀴 오그려 담아 듣고는

텅 빈 몸 안의 너른 공간에
망각의 환청을 재생하여
그득 채우기 시작했다

울리라
지난여름 깡마른 가뭄을 부채질하던
그 울음보다 더 사납게 울어대리라

대 이은 전통이 살 오르면
기둥이 생긴다는 듯이.

일깨움에 빠지다

이렇게 한자리에서
일깨움에 푹 빠진 흐뭇함이니
죽방렴에 갇힌 멸치가 되어도 좋았다

군왕의 굄 독차지함에 대한 질시로
당쟁에서 큰 화살의 과녁이 된 희생물로
먼 먼 외딴섬에 구름도 쉬어 넘는 두메산골에
손발 묶여 유배당한 선비들

구운몽으로 효성을 그린
사씨남정기로 세상을 풍자한
서포의 천재성이면 무엇 할 것이며
수많은 저서로 백성을 가르치고
우주 만물의 천리를 정립한
다산의 통찰력이면 무엇 할 것인가

'물러남의 아름다움'과 '돌아감의 지혜'
그리고 '멈춤의 여유'가 만들어낸
〈유배문학〉이라니

문학을 위해 유배라도 왔다는 말인가
호사가들의 어불성설이 귀에 떫었지만
그곳에는 깊은 일깨움이 고스란히 도사리고 있었다

보광산이 금산으로 옷 갈아입은 산꼭대기
보리암의 관세음보살상
연등의 줄달음을 타고 이어온 불도들의 염원
하나하나 익히 아는지라

오늘만은
빗발 가림으로
다도해의 정경에 눈 파는 것조차 차단하고
상구보리 하화중생의 깊은 강론을 펴고 계셨다

유배문학관에서 그리고 보리암에서
깊은 진리 배우고 익힌 전주문인협회 회원들
유배생활로 좋은 글을 쓸 수만 있다면
불공으로 마음 닦을 수만 있다면

그 고생쯤 자초하기라도 할 양
이글이글 피어나는 시심
가슴 복판에 품어 안고 돌아온
짧고도 긴 남해도 봄나들이.

좋은 것만 적분하자

비수의 날이라도 세우길 바라는지
눈발 섞인 차가운 바람이
옷깃을 헤집어 속마음을 엔다

뿌리를 찾겠다는 벼름으로
완전무장한 시인들
지리산 자락 산청의 깊은 산골짜기
수로왕과 구형왕의 전설을 파헤치고
산천재 남명매를 더듬어
조식 선생의 불굴의 의지를 읽는다

헤집는 신라의 역사 속에
스러진 백제의 잔해가 손에 짚여 서럽고
그 앞의 앞 찬란한 가야문화의 흔적에
울컥울컥 설움이 북받친다

지난날의 사사건건을 헤집어서야 되겠는가
낮과 밤, 밤과 낮이 어울려 하루를 이루듯

용서와 화해로
밝음을 적분하고자 하는 우리인지라

단어 행 연
저 묵언의 행간으로 이루어진 한 수 한 수의 시
읽는 이 가슴 가슴을 파고들어
곱게 어울린 마음으로 살아가는 세상을 열고자
하루 내내 눈빛 번득인
전북시인들의 의미 깊은 역사 나들이.

순천順天 용인應人의 터전을 찾아

연초록 싱그러움이 짙푸름을 향해
줄달음쳐나가는 계절의 한복판
미래를 힘차게 엮어나가자 맹세한 무리들
꿈의 기치를 높이 들고 함께 나선 굳센 행군

'하늘의 뜻에 순응'하며 살아가기를 다지며
아름다이 터전 가꾸어 나가는 저 남녘 땅
'순천順天'을 찾아들어
벌써 마음 내통한 문인협회 임원들과 접선했다

흑두루미 머물다 떠난 갯벌
찍힌 발자국 자리 자리마다
날개 퍼덕이는 소리 자웅 부둥켜안는 소리
더 멋진 재현을 펼칠 너른 터전에
갈대들의 새싹 우하니 내지르는 함성

짱뚱어 펄쩍펄쩍 짚어나가는 자국 따라
너른 갯벌에 내일의 꿈 그득 채웠고

그곳 바라보는 터전마저
아름다운 꽃으로 곱게 수놓았으니

백두대간 타고내린 지리산 푸른 정기
'여순旅順의 쓰린 역사' 가지런히 다독였고
선암사, 송광사의 법구사물* 울림소리
낙안읍성 추녀 밑을 파고드는 '순천응인'**의 고장

이제 '전주***에 올라가면 위험'할 일 전혀 없으니
하늘의 뜻을 따라 살기로 한 그대들과
기쁨 안고 이곳 찾아온 우리들
이제 오며가며 밝은 미래만 열어나갑시다.

---

* 법구사물: 범종, 법고, 운판, 목어

** 순천응인: 춘추전국시대 주 무왕이 군주를 몰아내고 새 나라를 세운 명분으로 "혁명순천응인革命順天應人" 즉 "위로 하늘의 뜻에 따르고 아래로 인심에 응하라"는 말로 사용, 혁명이란 단어의 유래가 됨.

*** 전주: 전주電柱와 전주全州의 동음이의어를 빗대어 쓴 표현.

귀의

차분히 내리는 비

수북이 쌓인 눈의 어리광을
하나하나 거두어들이고 있다

직유건
은유건
그럴싸하게 단장을 해도

눈은
한순간 곱게 피었다가 이우는
저 높은 하늘나라
웅숭깊은 물의 소속인 것.

제2장

눈 위에 쓰는 연서

긴 여운

손 뻗으면 닿겠다고 믿었는데

실오라기 같은 미련 한 줄 남겨놓고
오래 그리고 멀리 틈을 벌리는 별리에
내색도 못하는 짠한 아쉬움

숱한 인연의 타래를 정리하는 중에
간직하고픈 귀한 줄로 남아
토실토실 살이 오른다면 오죽 좋을까

길게 늘이고 간 비행운을 바라보며
마음 속 연서
혼자만이 풀 수 있는 난수표로 띄운다

ㅇㅇㅇ님 ㅇㅇ합니다!

독백

열매 굳혀가는 쥐똥나무
무성한 가지 위를 점령하고 으스대는
가시박

덩굴손으로 모두를 쥐락펴락하며
제멋대로 귀화한 존재를 내세우니
미운 마음이 울컥 일어

거친 줄기를 우둑우둑 뜯어내어
짓눌린 자의 숨통을 열어놓으니
속이 후련했다

승자인 체하고 방안에 들어와서야
놈의 악랄함을 되읽게 되었으니
양팔을 이리저리 할퀴어
제 아픔보다 더 큰 아픔을 안긴 것

쓰린 건 쓰린 것
다만 후회가 없다는 독백이지.

불도 익히는 삽사리

만남의 허전한 여백이나 채우려고
석정*의 발걸음 되짚으며
엉금엉금 찾아간
능가산楞伽山 개암사開巖寺

대웅보전 발치에 놓인 요사채 한 귀퉁이
기둥 빛깔보다 더 기둥 같은 빛깔로
어미 떨어진 1년 세월을 서럽게 말아 쥔
삽살개 '보리菩提**'
눈썹 털 비집고 우리를 반겼다

이어진 혈통이며 출생지 같은 것
떨쳐버린 지 오래
그저 보살님들의 따뜻한 손길 받아먹으며
우금산성 짠한 역사 귀담고 있는 삽사리***

---

* 석정: 시인 신석정.

** 보리菩提: 개암산에서 만난 삽살개 이름.

*** 삽: 쫓는다. 살 : 액운 · 귀신

득도한 스님들
중생을 구제하려 하나 둘 떠난다 해도
자신은 이 자리 지켜
울금바위에 얹히는 세월의 무게를 헤며
불심 익힌 한 덩어리의 바윗돌로 굳겠다는 다짐

세상풍파 소용돌이 속으로 되돌아가
초벌구이 한 불도佛徒 되어
다시 찾아오겠다는 말을 남기고
서둘러 하산하는 중생들의 뒷모습

물끄러미 바라보는 '보리菩提'.

고마운 애마

4반세기쯤
지경 넓히는 연습을 한 결과로
순혈의 가통을 이어받은 애마
접하는 피부마다 무딘 살갗을 넘어
피가 통하고 신경이 통하나보다

폭넓은 심신으로
바깥을 읽음은 물론
품안에 안은 정인들의 마음도 꿰뚫어
사방의 풍광을 거느리며 저 앞으로 달려 나간다

꽃잎 벌어지기 시작한 백목련
곱게 꽃 피운
산수유 개나리 배꽃 간간히 섞은 채
흐드러진 매화의 환호

저도 덩달아
빗발에 젖은 짙은 향

구르는 바퀴에 돌돌 사려 감으며
광양의 무르녹는 봄을 품어 안았다

소임을 다한 애마
어깨 쓰다듬으며 마구간에 들이고
숫자로 밝힌 그의 궤적을
깊숙이 치부한 나른한 봄나들이.

모악산이 되는 날

한 눈에 차마
모악산 정상을 바라볼 수 있을까

철따라 바뀌는 산 빛 물빛
구름자락으로 가리고 속삭이는 가르침
그냥 그 품에 안기는 게지

어머니의 정에 실컷 젖어 살다가
앞서거니 뒤서거니
추모공원의 한 덩이 바윗돌로 굳어 살면

우리 또한 어머니가 되고
통째 모악산이 되지 않겠나.

그날 그리워

굽이굽이 고개를 넘고
비좁은 나제통문을 통과하고
울퉁불퉁한 바닥 내려다보느라
조심스레 찾아들었던 깊은 산골 무주구천동

휑하게 산허리 뚫어놓은 터널
계곡을 가로지르는 공중 도로
사통팔달 거침없이 줄달음치는 각종 차량
향적봉도 적상산도 적나라한 나신

구절양장 굽이돌던 옛 정취 그리워하며
눌인訥人*의 삶을 되짚어보지만
자꾸만 헛바퀴 도는 추측이라서
여기저기 바람 빠져나가는 소리만 들려
천천히 이르는 임의 굵은 말씀조차 들리지 않았다

깊은 묵상으로
맑은 물소리 시원한 바람소리 불러 안고
한참 동안 그날을 되짚음으로
자신의 어설픔을 닦아내고 있었다.

---

* 눌인 : 평론가 김환태님의 호.

내장산 품에 안겨

잊음의 세월을 포개어 살아왔으니
당신은 내가 당신을 잊은 것보다 더
나를 잊었으리라 생각했지요

고개 숙인 회오의 자세로 찾아드니
당신은 한순간에 모든 걸 훌훌 떨치고
포갠 앙금을 말끔히 씻은 얼굴로
엮은 세월을 차근차근 펼치고 있었습니다

새로 지은 대웅전의 고운 자태
원적암 비자림 딸깍다리 벽련암
기다림으로 오는 길을 굽어보고 있는 서래봉
이 모두를 감싸주는 푸른 나무의 싱그러움
소리 내어 반기는 골짜기의 맑은 물소리

포근한 당신의 품안에
망각의 세월을 되짚어 나가는 자신
시나브로 녹아들어

연초록 한 그루가 되고서야

나를 태어나게 하고 길러주신 당신
모든 걸 안으로 깊숙이 품어 안고도 말이 없는
그 깊이를
새로이 아로새길 수 있었으니
이보다 더 큰 기쁨이 어디 있겠습니까.

도처에 맺음

긴 기다림의 인고를 디디고
에둘러 다가선 정겨움
서로 경쟁하듯 품안에 안겼다

기승을 부리던 더위마저
몇 번의 헛기침을 내뱉고는
뒤늦은 터득이라도 한 양
한고비의 모퉁이를 돌아가고

몇 방울의 전령사 앞세운 서늘함이
게으름의 겨드랑이를 파고들어
자신을 채근했다

늘 그랬듯이
지난 해 담아두었던 귀뚜라미 울음소리
저 깊숙한 뇌리에서 캐내어
질펀하게 깔고 싶은 계절

그 가을이
이렇게 자신을 감싸 안는 것이었다.

환히 피는 꽃

그냥 좋은 것

물가에 가면 출렁이는 물비린내가 좋고
산과 들에 가면 나무와 풀의 자람이 좋고
바람 멈추는 것도 가는 것도
그냥 좋은 만남

내뿜는 정에 흠뻑 젖을 무렵
동그랗게 말아 쥔 기쁨
이것 보라고 이것 보라고
활짝 펴는 자리에 들어서서야

사방 펼쳐진 자연은 주체를 옹위하는 배경
자신들이 주인공임을 뿌듯이 깨닫고
끌고 밀며 오르고 떠받치며
그냥 좋은 사유를 품어 안았으니

오늘도 범벅된 흐뭇함에
삶의 진수가 안기는 이 기쁨
발그레한 낯빛이 환히 피어난다.

몸짓

일곱 살 화동花童의 맑은 눈빛으로
맞은 새벽
우쭐우쭐 커나가는 마음 다잡아
당신을 위한 시를 씁니다

밀려드는 외로움
다가서는 서글픔
끝내 못 참아
미워하는 마음 내비칠까 저어하며

그리움 한 줄 쓰고
보고픔 한 줄 쓰고
사랑하는 마음 베일에 감추어
조심조심 써나갑니다

마음 문 열어 나를 읽어줄 때
저어한 마음 얼룩으로 남았으면 어쩌랴
고인 침 꿀꺽 삼키며

다가오는 여명을 너른 가슴으로 맞습니다

꽃새벽마다 써나가는 한 수 한 수의 시
당신에게 다가가는
자벌레의 부단한 몸짓임을
언젠가는 알아주리라 믿습니다.

흙속의 봄 캐기

멀리서 들려오는 어렴풋한 미동
지난 해 늦가을 곱게 묻어둔
열매와 씨앗들의 눈 비비는 소리

끝없는 어둠에 부대끼면서도
기어코 새움 틔우려는
간절한 기도의 고개 숙인 각도

가슴 활짝 열고 받아주기에는
아직 날 세운 싸늘한 시샘일지라도
본연이야
따뜻이 감싸주고 싶은 사랑일 터

흙냄새에 배어 꿈을 꾸기에
지심은 하늘 우러르며
바람 다독이고 물길 어루만져
아른아른 아지랑이로 새 생명 반기는 소리

봄날이 오면
어둠에서의 짠한 역사쯤 모르쇠하고
그냥 하늘 우러러 그리던 그림만
부단히 내뵈며 살아 가세나.

텅 비다

길게 목 빼어 기다린 기차는
감감무소식만 가슴팍에 안기고
뒤도 돌아보지 않고
모퉁이를 돌아갔다

함께 목 늘여주었던 코스모스
짙은 흔들림 접으며 제자리로 돌아가고
허공에 붕 뜬 자신만
앙금에 찌든 침묵 위에 세웠다

어느 방향을 바라보아야 하나
조여드는 마음 복판을 향해
시선 모으고 귀를 종그린 채
심장의 박동을 하나 둘 셋 헤고 있었다

플랫폼에 붙박아 서 있던 자리
바람 모이고 햇빛 채우고
언제였나 싶게 평상으로 돌아가기까지
그리 긴 시간이 걸리지 않았다.

어느 묵언

짧은 대화마저 접고
묵묵히 눈빛만 마주치는 건
좋아한다는 것

그 눈빛마저 꼭 감고
상대의 가슴팍에 가서 죽고 싶은 건
사랑한다는 것

백목련은
이 순간에도 홀로 익혀온 정을
바라보는 이를 위해
하얀 묵음默音으로 펼치고 있으니

이는
티 없이 맑은
지고지순한 사랑의 독백.

눈 위에 쓰는 연서(2)

펑펑 내리는 함박눈
방 안 들여다보는 눈빛과
격자문 사각 한 귀퉁이씩 차지한 사람들
완산칠봉 바라보는 빠끔한 눈빛
허공에서 맞부딪쳐 곱게 빚어내는 흐뭇함

정에 겨워
주르륵 흐르는 눈물
녹은 것인지 솟은 것인지
따질 게 무엇 있나

가벼운 대화에 피어나는 밝음
묵언 속에 쌓이는 사랑의 온기
벌써 다향을 타고 온몸에 퍼진 지 오래

더 바랄 것 없이
흐뭇이 내리는 눈
헤어짐의 손 흔듦마저 촉촉이 적시고

마음 바탕에 익힌 정 차곡차곡 쌓을 때

볼우물 판 소녀와
소녀를 바라보는 소년은
하얀 종이 위에
제 나름의 문자로 연서를 쓰고 있었다.

그림자 없는 사랑

무당의 끊임없이 주어 섬기는 말
열심히 따라잡느라
칼등으로 옴박지 속 바가지 두드리는 소리
정신없이 바쁘다

한 발 앞서 챙겨주시는 손길에
뒤따라가는 감사
주변 돌아볼 겨를도 없이
중모리에서 자진모리로 끄덕거리고 있다

순간에
마음 속 붙박은 순서는 바뀌고
허울조차 걸치지 못한 나신으로
진솔한 자신을 내보일 수밖에 없었다

말끔히 품은 걱정 닦아주심에
눈을 씻고 바라보니
어느 쪽으로도 드리운 그림자 없는

온전한 사랑의 손길

천진무구한 동심 되어
곱게 어르시는 이 부름 따라
사뿐사뿐 발걸음 떼는
이리도 산뜻한 자신이 될 줄을

꿈엔들 알았으랴.

그 미지 속에는

희끄무레하게 보이던 앞산 모서리마저
소쩍새의 억척스런 쪼아댐에
어둠에 묻히면
높고 낮은 멀고 가까움 모두 하나가 된다

무거운 짐 장에 내다 팔고 돌아오는
소달구지
덜컹거리며 어둠 가르는 소리에
간간이 섞이는 워낭소리

긴 세월 지난 지금 생각하면
작은 바퀴 큰 바퀴 둘씩으로
왜 그리 우직하게 만들어
죄 없는 소만 힘들게 했는지

큰 바퀴 한 번 돌 때
작은 바퀴 몇 번 돌아야 하나로 일치하는지
동심원은 도는 속도가 왜 같은 것인지

한 번도 따져보질 못한 아쉬움

나의 어린 시절 그 어둠 속에는
미지의 보물이 가득하여
문득문득 뒤돌아보게 하는 홀림이 있다.

제3장

달이 빚은 독백

통通

천수답 부쳐 먹고 살던 개똥 애비
긴 가뭄에 논배미 쩍쩍 갈라지듯
갈탄 마음

가슴 찢긴 아픔 비추어낼 물기
어디에 남았다고
별것도 아닌 꾸민 이야기 속 슬픔에
눈가 질척이다가

흘깃 눈 안에 비친 아내
벌써 손등으로 몇 차례 눈물 닦아내고
목 줄기 타고 올라올 울음 참음을
속 둔 채 힐책한다

한 삽 깊이만 파면
천수답 적실 물도 나오고
삶의 실금도 촉촉이 적실 정情
피어날 것만 같아

측은한 자 불러 앉히고
지켜 살아온 비법
이르고 있었다.

달이 빚은 독백

그만한 크기일지라도

알 수 없는 미지 앞에 놓인
연약하게 고개 내민
손톱눈 초승달보다

파 먹히고 또 파 먹히는
서러움 참고 어려이 남은
독기 서린 그믐달보다

모나지 않는 둥근 모양이었으면

가슴 콩닥거리는 불안도
서릿발 날 세운 쓰린 원한도
빚어내는 일 없었으련만

달 너는 어찌하여
깊은 밤
아픈 독백을 끌어내게 하는고.

엄살

아픔의 옹이 돌아빠진 자리
여린 살 차오름에

끙끙 앓던 신음은
어느새
발그레한 허밍으로 바뀌고

익어 문드러진 아쉬움도
내일을 위한 종자로서의 자리
굳혀 나갔다

우리 점한 자리
희망 퍼져나가는 명징한 소리의 진원
환희의 주인공이 된 우리
으쓱한 어깨로 눈빛 마주치고 있음을

어떤 톤의 빛깔로 붙잡을까
고민 아닌 고민으로
엄살을 떨고 있었다.

꺼끄러기

혀끝에 스미는 맛보다 한 발 앞서
눈 안 가득 젖어드는 노란 배추 속잎
달콤한 고추장 맛을 타고
잊을 뻔한 옛 그리움을 채워나갔다

허기도 채우고 향수도 달래고 난
한 순간
배추 포기가 새롭게 보인다싶더니
목구멍에 꺼끄러기로 걸린 고통

로칼 푸드에 납품한 박석천씨
한 쪽 바짓가랑이 걷어 올린 짝짝이 높이와
이마의 깊은 주름의 깊이가 보이고
서툴게 손가락 꼽는 계산이 읽혀서였다

신라면 한 개 값이 육백팔십 원인데
속 꽉 찬 배추 세 포기가 단 돈 천 원
늘그막에 밭 귀퉁이로

터전을 옮긴 탓일까

울타리도 없을 그이의 집 앞을 서성이며
헛기침 몇 번으로 불러내어
텁텁한 막걸리 한 잔 권하고 나면
내 목구멍 가시도 씻겨 내려가련만…….

지켜보던 물까치 몇 마리
아직 뱉어내지도 않은 헛기침 소리에
희미한 불빛 한 가닥씩 입에 물고
푸드득 어둠 속 제 집을 찾아 나서는
엇박자.

요지경

발광發狂하던 태양이
사선을 그으며 강심에 빠져드니

깜짝 놀란 잠룡
뭉뚝뭉뚝 제 꼬리를 잘라내고
못 이룬 꿈만 가오리연으로 하늘을 날고

솟대의 날갯죽지에 걸터앉은
해오라기
천상의 전령사인 양 주문을 외면
지상의 뭇 상념들이 넙죽넙죽 굽실댄다

그래서는 안 될 갖가지 사연들
노아의 방주 안으로
들어가야 한다고
그럴 필요가 없다고 다툼하는 싸움판

한 꺼풀만 가만히 들추어보면
모두가 다 요지경
어느 곳에 마음 두고 살아갈거나.

오지랖

겪은 세월을 더듬다보면
해 본 일과 해보고 싶었던 일
그 나뉨의 경계가 무너져
오지랖이 넓어지는 것이겠지

괜히 소설이며 드라마며 남의 이야기
그 속 주인공의 자리에 앉아
인간칠정 깊은 고샅을 샅샅이 누비며
고단한 삶을 제 것 삼지

오늘도 별로 수긍한 적 없는
제 마음 속 연인을 붙잡고
가까워지지 않은 숫자를 따지며
발설하지도 못할 몸부림으로 자신을 바수지

차라리 눈 꼭 감아보지만
뭇 상념이 더 많아져 견딜 수 없으니
멈추지도 내닫지도 못하는 이 마음
저 혼자 늘였다 줄였다 한다.

귀래정 유감

돌아갈 귀(歸)자와 올 래(來)자의 어울림
돌아가고 싶다는 말인지 돌아오고 싶다는 말인지
귀래정歸來亭이라 호를 지은
신말주*의 속마음을 알 길이 없어
서러이 남은 나무판의 질긴 살을 어루만지며
가고 옴의 순서를 번 가르다가

집채덩이만한 너럭바위를
끝내 쩍 갈랐다고 칭찬받던 굵은 나무며
그 끈기를 배우고 말겠다는 새끼나무마저
무참히 잘려나가 앙상한 뿌리만 남았으니
생명을 내세운 나무는 돌아가고
무생물인 바윗돌이 우러름 받는 세상이 왔단 말인가

귀래정, 래귀정, 귀래정, 래귀정
단종, 세조, 단종, 세조

---

* 신말주: 신숙주의 아우로서, 단종이 폐위되자 처가인 순창에 내려와 은둔생활을 한 학자. 호-귀래정.

끝내 어느 쪽에도 편들지 못하고
이광수*가 되었다가 김동인**이 되었다가
길게 갔던 길을 되짚어 오고 말았네.

---

* 이광수 : 소설『단종애사』로 단종 편을 듦.
** 김동인 : 소설『대수양』으로 수양 편을 듦.

꿈의 확산

갈가리 찢긴 해조음

시베리아 툰드라를 어깨에 걸치고
먼 남쪽 태평양을 향해 줄달음치다가
작은 유혹과 아까운 목숨 맞바꾸고
진부령 덕장에 몸 부렸었다

갈비뼈 사이사이
녹음을 타고 짙게 새긴 바다의 역사
멀뚱한 눈빛에 몰래 감춘 채
가난한 어부의 밑천이 된 명태

빼빼 마른 쾌의 한 가닥으로
세상 풍파 새로이 읽어나가다가
어느 가난한 시인과 맞닥뜨리고 만
깊은 밤의 쓰린 조우

질근질근 씹혀

깊은 시심이 된다면 더 바랄 게 없겠지만
한 줄의 시행이 된다하여도 좋다

꿀꺽 목구멍 넘어갈 때
푸른 파도소리 한 자락
생명줄 이어주는 낡은 벽에 칠하며
옹근 꿈을 그리는 황태포의 꼬리 짓.

첫눈이 폭설로

이럴 줄 알았습니다

비가 내리지 않는다고
그렇게도 하늘을 저주하며
삿대질해왔으니

이럴 줄 알았습니다

그러겠거니 바라보지 않고
폭언 폭행 폭주 폭음 폭식하며
세상 마구 살아왔으니

첫눈을
폭설로 쏟아 부었다고
누구를 원망하며 누구를 탓하겠습니까

첫눈 내리는 날 만나기로 한 약속마저
발 동동 구르는 발자국에

묻히고 말았습니다

이 미운 폭설
폭풍에 날려버리고 폭우로 씻어내고 싶지만
폭暴자가 싫어
햇빛에 달궈 녹여내렵니다.

은근함의 뿌리

좋아도 좋다고
싫어도 싫다고 말 못하고

빙그레 미소 짓는 입 꼬리에
먼산바라기 하는 흐림 속에
속마음 묻어두고

물동이 물 넘치지 않게
균형 잡고 걸어가는 발걸음처럼
조심스러움만 내뵈며 살아가는 자태

외국의 침략 몰아칠 때
나라 안의 난리 회오리칠 때
자칫 제 뜻 드러내다 목숨 잃는 일 다반사라
이도저도 아닌 엉거주춤함이 몸에 밴 게지

겸손이
점잖음이

중량감이 칭찬받는 세상
어느 누가 저 깊고 묵직한 바다 물리치고
촐싹대는 시냇물 되고 싶으랴

여기저기 은근함의 깃발만 나부낀다.

괴리乖離

한 줄기 바람 되어
까마득한 지난날을 들춰보면
새록새록 젊음 저민 희비가
옛 모습 그대로 고스란히 고여 있다

달리고 뛰고 구르던 몸자세를 그리며
팔다리에 찌릿하게 뻗치는 힘
노구老軀를 제자리에 묶어둔
상념일 뿐

뜬 구름 읽는 바람의 독음讀音
눈에 들어와
현실의 갈피에 번호 매기는 숫자를 헤며
어슬렁어슬렁 제 집 찾아드는 발걸음

아무도 보지 않는
양지 한 모서리 찾아들어
비 맞은 개 물기 털 듯
짠한 세상살이를 떨쳐내고 있다.

구역질

팔 다리 몸에 잡아매고

저 정수리에서 회음까지
실한 꽂이를 꽂아
빠른 속도로 잡아 돌리면

몸 안 여기저기 짙게 배어있는
비릿한 냄새
떨쳐낼 수 있을까

바람결에 섞인 작은 자극에도
창자까지 뱉어낼 것만 같은
구역질

언제쯤
고개 설레설레 흔드는 도리질
멈출 수 있을 것인가

심신 할퀴고 떠날 날짜만
눈 껌벅임으로 헤고 있다.

바람 붙잡기

우람한 참나무 몸뚱이에 붙은
풍뎅이
웅위하는 말벌들로 쫓기는 두려움 벗고

잣나무 가느다란 끝자락에 오른
청설모
푸른 하늘빛 제 것인 양 으스대고

허수아비 부릅뜬 눈에 쫓긴
참새
댓잎 사각대는 소리로 용기 되찾고

뭍에서 어기적거리던 걸음 걷던
악어
늪에 몸 들인 순간에 제왕으로 군림하고

지척도 분간하지 못할 칠흑어둠 속
수리부엉이

동그랗게 키운 동공으로 세상 휘어잡는데

수북이 쌓인 책 더미 속에
찌그러진 몸뚱이 붙박고 앉아
손에 잡히지도 않는
한 줄기 빛 얻으려니

보이는 것 들리는 것
어느 것 하나
온전히 내 편 되는 게 없어
긴 한숨만 엿가래처럼 늘이고 있다.

설마가 빚은 매듭

극광처럼
뚜렷하기만 하였던 앞날이
언제부터인지 모르게 희뿌연 하여진다싶더니

성에 낀 유리창마냥
닦아내도 흐린 물기로 어른거리고
읽을 수 없는 미지의 그림들이
상념 위에 너울대기 시작했다

복장 터질 때
죄도 없이 얻어맞은 가슴팍마냥
비벼댄 눈알이 충혈 되고

목표는
저게 언제 내 것이었나 하는 의구疑懼를
제멋대로 걸쳐 입고
뭇사람들 앞에서 경매되고 있었다

자신 때문임을 터득하기까지
그리 긴 시간이 걸리지 않았고
공허의 자리
차오로는 회오를 감지해야 했다.

변질

3. 2. 1. 0
카운트다운 되는 헤아림을 경계선으로
이쪽저쪽을 넘나드는 송구영신 인사

지필묵紙筆墨 연하장은 벌써 저승에 들고
폴더(folder)형 슬립(slip)형 전화기 든
허리 굽고 눈 침침한 무리들까지
북망산 비탈길을 기어오르고 있는데

갑오甲午의 말발굽소리
을미乙未의 양떼 울음소리
자리바꿈하는 질서정연한 혼성곡쯤
단숨에 집어삼키는 날카로운 괴성

각종 스마트(smart)폰으로 주고받는
대화/ 문자/ 카카오 톡
온 세상을 뒤덮는 아수라장의 잡음인 게라

변질된
맹랑한 그림들까지 곁들여
눈 뜨고 볼 수 없는 목불인견目不忍見

허공에서 맞부딪치는 억센 포탄들
우하니 파편으로 쏟아지는 날
만신창이 될 군상들이 눈에 선해
오들오들 온 몸을 떨고 있다.

뉘 탓할 수 있으랴만

홀라당 까발리는
품바의 말투에는
거추장스러움 벗어던진 진솔함이 있다

세상 쌍스러움 팔팔 끓여낸
해장국집 욕쟁이 할머니의 말투에는
씹을수록 향기 나는 재치가 있다

마파람 실실 불다가
뚝뚝 듣는 빗방울에는
할머니 무르팍 시린 예고가 있다

그럴싸한 말치장
그럴싸한 손짓 눈짓
보임으로 들림으로 내 마음 앗아놓고

한순간에
업어치기하는 사술詐術 넘치는 세상
언제쯤 말끔히 씻기는 날 있을거나.

제4장

시 쓰는 벌과 별

위력

종남산 자락
내 둥지 푹 감싼 정적
그 두께 얼마나 될까

새벽마다 조심스레 찔러보는
맑은 독경 품어 안은
저 송광사 범종 소리

난 그냥
아무 것도 알은 체하지 않는
한 덩이의 무딤

모르쇠
엷은 풀벌레 소리 한 소절
그려보고 있다.

갑골문자

꼴사나운 세상 보기 싫을 때면
작은 눈마저 꼭 감은 채
움츠린 목을 슴베로 제 몸 깊숙이 집어넣고
긴 긴 세월을 등으로 읽는 거북이

촐싹대는 가벼운 변화는 접어둘지라도
크나큰 흥망성쇠는 그냥 넘길 수 없어
몸의 진수를 쥐어짜 철갑 같은 제 등딱지에
꼼꼼히 적어나가는 불변의 기록

오늘도 그는
고른 호흡으로 세상사를 엮으며
하나도 바쁠 것 없는 걸음으로
육지와 바다를 마름질하고 있다.

비문 새기다

심상치 않아
생긴 그대로의 바윗돌 한 덩이
마음 복판에 들여앉혔습니다

가타부타 내색하지 않고
세월만 따라 익히더니
언제인지 모르게 이끼 씻긴 자리에
옅은 빛깔로 제 속을 드러냈습니다

이제는 크고 작은 일 하나하나
그의 승낙을 받지 않고는
똑 부러진 자신을 일으켜 세울 수 없는
미숙아가 되었지만
그 어디에도 한 치의 오차가 없습니다

어떻게 그리 곱게 익어갈 수 있느냐고
칭송을 받을 때마다
저는 감춤의 장막을 더 짙게 치며

안쪽 깊숙한 곳에 기쁨을 보탭니다

저 떠나고 난 뒤
그 바윗돌 세상에 드러날 때
거기 똑똑 새겨진 제 삶의 족적
색다른 비문이라며 읽어갈 정경이
선하게 펼쳐집니다.

해갈

비가 내린다

본촌 양반 닷 되지기 다랑 논에도
새말 댁 된비알 산 뙈기에도
주룩주룩 내리는 비

허둥지둥 달려가는 논두렁 밭두렁
넘어졌다 일어서는 등판 위에도
울컥울컥 비가 내린다

모두가 외치는 함성
쩍쩍 갈라진 가슴 틈새로
흘러들어

헝클어진 질서가
새로이 짜이며
하늘 닿게 펄럭인다.

꽃 진 자리

열매의 정수리를
물끄러미 바라보다가
그 정반대쪽 회음會陰쯤 되는 곳에
흐트러진 내 상념을 모은다

태생胎生 동물의 배꼽이겠지만
거기 화려하게 피어나
벌 나비 부르며 한 세상 풍미했을 꽃
그 꽃 진 자리

어찌 상흔이랴
어찌 짠함의 잔재이랴
제 가진 것 모두를 통째 바쳐
꿈 이룬 증표인 것을

고난과 시련을 곱게 아우른 결실은
더 큰 보람으로
내 자신을 드러낼 수 있는
우렁찬 함성 아니랴.

생뚱맞은

빈틈없는 방을 만든다고
정성을 쏟았다
너무 집중했는지 출구 만드는 걸 놓쳤다

이제 드나들 수 있는 건 마음뿐

신났다
끙끙대며 따라다니던 몸뚱이 떼어놓으니
마음대로 돌아다녀도 홀가분하다

더구나 어느 곳에 마음 부려도
바람은 아무도 볼 수 없어
마냥 좋았다

내 마음 들어섬을
알아서는 안 되는 이는 알아차리고
알아주기를 바라는 이는 모른다는 것

축 처진 채 방으로 기어들어와
종일토록 헤맨 방종을 용서해달라고
싹싹 빌며
어렵사리 몸 안 파고드는 내 마음.

너털웃음

– 그렇지 않다고 손사래 쳐도
그는 자꾸 자기주장을 내세웠다
"자기와 함께 한 당신의 인생은 헛발질이었다고"

여보
그렇지 않아요

페널티킥으로 얻은 아들이라고
코너킥으로 얻은 딸이라고
이 귀한 골을 폄하하면
당신은 그냥 가만히 있을 것이며

허공을 향해 내지른 똥 볼이라고
구장이 떠나가도록 웃어젖히는
관중의 웃음소리
어찌 그냥 참을 수 있겠어요

어느 인생에

헛발질 없는 패스만 있겠습니까
엉뚱하게 차내 버린 아쉬움이
멋진 어시스트가 되는 경우도 있고
그럴싸한 방어가 자책골이 되어
비난 받는 경우는 얼마나 많은데요

삶은 다
헛발질 같기도 하고 아닌 것 같기도 한
아리송함으로 가득 찬 것 아닙니까
우리 그저 한바탕 너털웃음이나 웃으며
새록새록 기쁨 엮은 삶 되짚어봅시다.

시 쓰는 벌과 별

시는 체험의 응축

군더더기 없는
한 줄의 시를 쓰기 위해

나는 오늘도
태산준령을 넘고
거친 파도를 헤치고 있지만

어레미에 남은 건
꼽추 등으로 한 짐 진 무게
어느 짝에도 쓸모없는 허섭스레기뿐

일벌들
꽃가루 묻혀오는 부지런함이
어찌 꿀만을 위한 행보이며

하늘의 별

밤새도록 물 먹는 뻐끔거림이
어찌 의미 없는 호흡이랴

제 자신도 모르는
한 수의 시 쓰기이겠지.

적요寂寥 속의 평안

쓰린 아픔을 품고 사는
목어木魚와 풍경風磬

둘 사이를 부단히 이어주는
바람결
밤으론 깊고 푸른 바다였음에
늘 새로운 품세로 살아갈 수 있는 것

모른 척
서러이 우는 울음
끝내는 사려 깊은 이의 심금을 울리거나
어느 달관하고픈 이의 시심이 되는 거겠지

고즈넉한 산사의
주인인 너희
얼굴이 되고 노래가 되어
마음 깊은 곳에 평안의 층을 쌓는다.

타의와 자의

거미줄 붙잡은
낙엽 한 잎
태엽 감은 만큼 뱅그르르 돌다가
돈 만큼 뱅그르르 풀어진다

그대로 있고 싶다는 눈빛
어서 떨어지고 싶다는 체념
얼마만큼이 제 순수한 의지일까

바람은
눈 씻고 보아도 보이질 않는다.

모르쇠

마음 문 두드리는 부단한 노크
이렇게도 모를까 염려하지 마세요

호심
가슴 파고든 작은 돌멩이 스르르 삼키듯
벌써 다 읽고도 시치미 떼는 거라오

이모티콘 작은 눈웃음 속에
짙게 눌러 찍은 여섯 개의 마침표 속에
깊숙이 속마음 숨기고 있는 것일 뿐

스치는 미풍에 나부끼는 옷자락
고운 꽃 바라보는 눈망울 속 눈부처
전과 다른 그 하나하나
벌써 다 녹여 담고 있는 결과이니까요

어느 날 문득
드리운 그림자의 발목을 딛고

제 마음 드러낸 실한 형상으로
그대 앞에 나타나는 그날까지

그대 역시
더 짙은 모르쇠로
그냥 꾹꾹 눌러 참고 기다리세요.

언제나 원의 중심

시야의 끝자락을 한붓그리기로 이은
원圓
나는 언제나 그 한복판에 있다

우주공간의 중심이라서
하늘 땅 산천초목이 옹위하는 것이며
언제나 현재 위에 있어서
과거와 미래는 등거리等距離

너 나 없이 거의 다
상대는 자기를 위한 존재라는 믿음일까
희로애락 마디마디에서 숱하게 부딪치는
부대낌을 감수하는 것

홀로 수지타산의 주판알을 튕기며
손익을 따질지라도
언제나 그 중심에 있다는 믿음만은 불변이다

동심원이 되지 못한 원圓들이
숱하게 굴러다니는 세상
나는 오늘도 내 삶의 호弧를
진하게 굴리고 있다.

중용의 길

작은 물방울들
오목 유리판 위에서
시나브로 중심을 향하여 모여들고
볼록 유리판 위에서
시나브로 밖을 향하여 퍼져간다

귀납인가 연역인가
응집일까 확산일까

오늘도
기울 없는 평면 위에 올라앉아
두루뭉술한 삶을 영위하며
작은 기쁨과 행복을 점철하고 있다

새잎의 싱그러운 푸르른 빛
꽃망울 벌어지는 소리
풍겨오는 꽃향기
한 데 모여 이루는 열매

이 쪽 저 쪽
위 아래로 시선을 굴려 본다.

새겨듣기

바다는 오늘도
부단한 말을 쏟아낸다

속삭이다가
더듬거리다가
때로는 외치고 울부짖는다

그가 나의 말을 알아듣지 못하듯
나도 그의 말을 알아듣지 못할 뿐
일월성신은 벌써 알아듣고
고개 끄덕이지 않는가

하얀 포말에 건네 온
말의 파편이라도 한 데 모아
그의 속마음 읽으려 다가선다

그의 품을 새기는
청자가 되고 독자가 되리라.

연마研磨

미답을 열며 길 쓸고 나아가는
흰 드레스 늘어뜨린 치장
외씨 버선코 보일락 말락
보드라운 비단치마 스치는 소리
눈 그리며 귀 담다가

검정치마 흰 저고리에
긴 생머리
천진무구 뚝뚝 듣는 소녀의 발걸음
오버랩 됨에

설렘
가만히 제자리 내려놓고
요철凹凸 없는 평지
눈감고도 흐트러짐 없는 내일을 연다

두둥실 뜬 구름 흩뜨림 없는 물길
고른 숨결로 허공 흘러가는 바람

그 모난 없는 두루뭉술함이
이리도 좋은 걸

손 안에 꼭 쥔
모서리 닳은 호두알 두 개
고른 소리로 윤기가 좌르르하다.

촛불

환한 낮 뒷자락 끌려가다가
틈새에 끼이고 골짜기에 빠진
알 터거리 나간 흐릿한 빛
하나를 위해 한 데 모였나니

제 몸 바스러지는 것쯤
아랑곳없이
밝음을 위해 한 몸 바치는 헌신

제 속 설움 촛농으로 뚝뚝 지며
태움보다 더 빨리 제 몸 낮출지라도
무슨 바람 있으며
무슨 여한 있으랴

시간과 공간을 훌쩍 넘어서서
가슴 가슴에
그늘 없는 진한 가르침 안겼으니

촛불
그 이름 하나로도
이렇게 만족한 삶 살아가네.

제5장

평온의 날개 밑에

긍지

비 보이가
축의 중심에 머리를 박고
빙글빙글 세차게 돌리는 지구

한식 한복 한옥 한지 한얼
오방색 기치 내걸고
판소리 가락에서
K팝의 춤사위에 이르기까지

온 세계 휘어잡는 한류의 열풍

시방 지구촌 온 인류
전주 쪽을 향해 굽실굽실 절하느라
만사를 뒤로했다는 낭보 들리니
기쁨도 회오리쳐 온다.

세월 엮기

누구에게나 똑같이 주어진
베틀의 도투마리에 정연히 감긴
세월이라는 날줄

제 나름의 씨줄로
짜는 피륙
고운 무늬 넣지 아니한들 어떠랴

고르게 짠 질긴 천
말코에 돌돌 두텁게 감겨
헐벗은 뭇 백성의 옷감 되면 족하지

오늘도 세월의 날줄 끊기는 일 없이
부단히 이어지기를 빌며
잉아로 섞바뀌는 올 사이 바삐 드나드는
유선형 북의 매끄러운 선을 뒤따른다

끌신과 호흡 맞추어
힘차게 내리치는 바디여
아픔을 딛고
환한 내일을 곱게 빚어다오.

축복의 상징

지닌 건강 합쳐서 균형 이루도록
합배미 치자고
같은 모양 같은 크기의 나이테 하나 그리는
연리지로 살자고
안은 꿈 끝내 하나로 합쳐 훨훨 하늘 나는
비익조 되자는 우리의 다짐

나의 별
깊은 어둠 속에 묻어두어도 좋으니
그대의 별
같은 바람으로 우러르며 살자고
다지고 또 다지는 기도

그대 어디에도 없고
나 또한 어디에도 없을지라도
여기에도 저기에도
가득 차고 넘치는 우리

이만하면
큰 사랑 듬뿍 받은 증표요 상징일 터이니
천천히 고개를 들고
저 높은 곳을 향해 감사를 올립시다.

이루어지는 꿈

강원 산골 맑고 고운 다섯 아이
호랑이 등에 오르고 주작의 날개에 실려
우리 민족의 역사
그 뿌리에서 출발하여 오늘에 이른

속 품은 꿈
맡김에서 이끎으로 오늘의 주인공이 되어
별의 각 날개로 오륜의 한 원으로
찬연한 빛을 발하는
가장 차갑되 가장 뜨거운 시간

스물세 번째 맞는 평창 동계올림픽
아흔두 나라 참가했는데도
남과 북 끝내 하나 되어
아흔한 번째로 입장하는 개최국

온갖 것 다 물리치고
이처럼

하나 되면 오죽 좋을까

저 찬란한 빛을 보라
저 위대한 웅비를 보라
수백수천의 드론으로 빚은 별을 띄워
새/ 스키 맨/ 오륜기로 하늘을 수놓는
첨단 IT 강국의 위상

정성들여 펼친 노랫가락 춤사위
그리고 그려내고픈 웅혼한 꿈
저 높은 곳 하얀 달항아리에 담아
활활 불태우고 있나니

평화를 사랑하는
우리 민족의 염원 꼭 이루어지는
값지고 보람된 잔치되게 하소서.

전주 愛歌 <창작 가곡>

황산대첩 전승 깃발
　　　　오목대에 휘날리며
조선 개국 새로운 꿈
　　　　대풍가로 드높도다
대대손손 이어나갈
　　　　천년도읍 완산고을
희망의 환한 불빛
　　　　온 누리를 밝히네.

한 바탕 깊은 얼을
　　　　온 세상에 드러내며
풍요로운 삶의 터전
　　　　지극정성 가꾸도다
온 백성 그리는 꿈
　　　　환히 피는 전주도성
밝고 고운 노랫가락
　　　　만천하를 울리네.

평온의 날개 밑에

하루를 갈무리하는
짙은 장막이 드리워지는 쪽을 향해
키운 꿈 넘칠세라
조심스레 발걸음 옮기는 한 쌍의 익은 이

급히 빠끔거리는 별 하나
비익조 되겠다는 꿈일랑 저만치 밀쳐두고
한 마음 된 연리지로
그리던 그림 곱게 아퀴 지으라고
가쁜 숨 몰아쉬며 똑똑 빛을 뿌렸다

하나씩의 눈으로도 앞길이 훤히 보여
남은 하나씩의 눈으로 바라보는 속마음
어느 한 곳에도 어긋남 없는
온전한 합치

빛을 해산한 어둠
더 밝은 빛을 잉태하기 위해 정적을 품듯
하나 된 정으로
새롭게 매듭지을 나이테를 눈 그리며
천천히 어둠의 휘장을 젖히고 있었다.

속 키우고 있는 꿈

탑은 쌓음이다

오늘을 어제 위에 쌓고
새로운 내일을 오늘 삼는
부단한 이음이다

자신을 내세움 없이
아래를 다독이고 위를 추켜세우는
수직상승이다

바벨탑*이 아닌 이상
든든한 반석을 디디고 선 높은 탑일수록
우러름 받아 마땅하다

나의 그리는 꿈이 곱게 쌓여
우뚝 선 탑으로 우러름 받기를
조심스레 빌고 있다.

---

* 바벨탑: 창세기 11장 1절~9절, 하늘에 닿게 쌓으려 했던 탑.
하나님이 노하셔 그들과 그들의 언어를 흩으심.

북돋움

자웅이체로 한 쌍을 이룬 은행나무
계절의 변화가 안기는 갖은 시련 이겨내고
보드라운 바람의 유혹 물리치고
한자리 버티어 서서 자신과의 약속 지키고 있나니

어찌 제멋대로 얽히어 살며
꽃 피우고 열매 맺음 내세우는 자랑
짧게 살다가 굵게 가는 난삽한 삶을
부러워하랴

거저 아닌 연륜을
질서정연하게 잘잘 풀어내고 있으니
순간이라도 좋으니
네 돌출한 성정을 갈아내는 숫돌로 삼으라

지는 해
곱게 아퀴를 지으며 내일을 기약하지만
다가오는 내일이
오늘과 똑같은 날일 수야
없지 않은가.

맑은 정

갖은 상념 지우려고
종일토록 비가 내려도
쉬 지워지지 않는 향수에 젖은 그리움

물까치 몇 마리 무리지어
내려앉은 정적을 흩뜨리는 날갯짓
폴폴 돋아나는 풀냄새
나뭇잎 팔락이는 소리 일다가 사라질 뿐

파노라마처럼 스쳐지나가는 고향집
간간이 정 나누던 코흘리개 동무들 몇
스치는 바람처럼 닮은 화폭 위
어머님의 모습만 더욱 뚜렷하다

이제 어버이로 굳어도 좋을 나이
환치된 모습으로 자식에게 다가감으로
조금은 누그러뜨려도 좋으련만
세월 갈수록 더욱 익어가는 그리운 정

나 그냥
이리 살다가 가려하네.

옹달샘 파다

그냥 작은 물웅덩이 아니야

낮으론 작은 꽃잎 둥둥 띄워
이리저리 노니는 간지럼 헤며
흐르는 시간을 엮고

밤으로 별 몇 알 두려움에 떨며
차갑게 껌벅이는 숫자를 헤는
수심 가늠할 수 없는 깊은 상념에
덩달아 온 세상을 읽어내는 달관

스치는 바람에 파르르 떠는 물결
보일 듯 보이지 않는
깊은 속셈을 어느 누가 알랴
스스로도 제 존재의 이유를 한참 놓쳤는데

눈 꼭 감고
이는 생각들 간추려 비장하다가
어렵사리 그 닮은 웅덩이 하나를 파며
맑은 물 솟구치는 옹달샘 되기를 빌고 있다.

욕탕浴湯

나
한없이 슬플 때
거기 가고 싶다네

땀인지 눈물인지 물방울인지
아무도
알아볼 수 없게 쏟아낼 수 있는 그곳
나 거기 가고 싶다네

떠난 임
내 마음에 실컷 불러들일 수 있는 곳
나 거기 가고 싶다네

모래시계 뒤집어
새로이 한 세상 살 수 있다는 기대
마음껏 부풀릴 수 있는 그곳
나 거기 가고 싶다네

그러다가 끝내 나 어쩌지 못하면
내 심신 흐물흐물 녹여서
저 수체구멍으로 빠져나갈 수 있는
그 탕에 가고 싶다네.

체념의 뒷자락

모르쇠 넘어갈 연령인데
많으면 무슨 벼슬이라도 되는 양
버선목 뒤집듯 까발려 보이고는
계면쩍어 뒤통수만 긁적거리고 있다

나이 차이의 벌어진 너른 틈새에
수줍음 같은 것 던져버리고
바투 다가서는 정겨움이
또 다른 의미로 자신을 위안했지만

간당거리는 외나무다리라도 놓고
건너고 싶었던 작은 바람은
영영 다다를 수 없는
피안의 궁전이 되고 말아

까만 밤하늘
홀로 껌벅이는 견우성으로
너른 은하수 너머

직녀성을 바라보는 눈빛이

오늘 따라
한없이 안쓰럽게만 느껴져
차라리 환한 낮 되기를 빌고 있었다.

이루고 싶은 꿈 하나

토실하게 익은 호박씨 하나 골라서
세속에 물들지 않게
본연 벗어나는 욕심 부리지 않게
짙은 어둠으로 꽁꽁 싸맬 것이다

툰드라에 몸 비빈 날선 차가움이 밀려와도
탈출하자는 밝음의 유혹이 다가와도
누에고치 속 번데기의 눈 감음으로
귀문 닫아건 달걀 씨눈의 귀 막음으로
인고의 시간을 세어나갈 것이다

꽃 숱하게 피울지라도
그건 벌 나비 부르는 화려한 손짓
딱 하나에만 맺음 하여
실한 열매로 자신을 내보일 것이다

오이 가지 토마토
숱한 열매에 견줌 없이

더욱이 모양 좋게 줄그은 수박쯤
훌쩍 뛰어넘는 튼실하고 믿음직한 모양으로

모두 익어가듯
나를 익힐 것이다.

파격破格

배밀이하는
민달팽이야
집달팽이 부러워하지 마라

훌쩍 건너뛰어

공중 나는 것까지는 아니어도
걷고 있는 것
헤엄치고 있는 것 가운데
하나쯤 고르는 욕망을 품어라

한 자리 붙박인 버찌도
포장길 위에 떨어지는 악몽 밀치고
높이 멀리 나는 새의
먹이 되기를 빌고 있단다.

되고 싶다

한 바퀴 빙 돌아서
날선 지느러미 고스란히 접고
이글대던 눈빛 조용히 내리감아
천진무구한 어린애가 되고 싶다

멀어져도 예쁘고
다가서면 더 예쁜 귀여움 덩어리
제 바라보고 우러름이 순수라서
통째 결정結晶이 되어버린 맑음

모난 모서리 둥그렇게 갈아낸
원만
세 발을 넘어 네 발 되면 어떠랴

바라보는 이 눈빛 눈빛마다
거스름 없는 고운 피사체
바다 하늘 푸른 산 맑은 내
그 한 조각 뚝 떼어낸 편린 아니랴

나이 훌쩍 벗어던진
작디작은 어린애가 되고 싶다.

참된 풍요

하늘이야
바다야
저만치 밀쳐두고라도

산이란 산
봉두난발한 머리끄덩이를 휘어잡아
뿌리를 뽑아버리고

강이란 강
제멋대로 흔드는 꼬랑댕이를 붙잡아
패대기치고 싶다

잘못 자리 잡은 거짓 세상
깡그리 흩으려버리고 나서
산비탈 박토여도 좋고
물길 없는 거친 들녘이어도 좋을
순수의 터전 새로이 빚은 뒤에

콩 심은 데 콩 나고
팥 심은 데 팥 나며
공들인 만큼 품 안에 끌어안는
진솔한 소출 거두어들이고 싶다

아
진정한 풍요여.

전주 애가 (愛歌)

김계식 작사. 한광희 작곡

2
13
mp
cresc.
대대손손 이어나길 천년도읍 완산고을
온백성이 그리는꿈 환히피는 전주도성

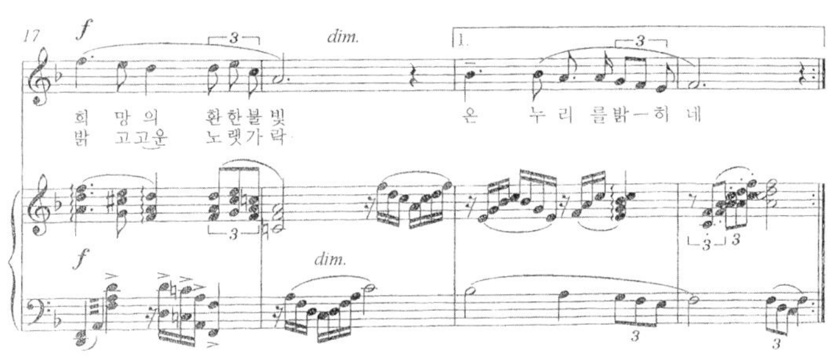
17
f
dim.
1.
희 망 의 환 한 불 빛 온 누 리 를 밝 ㅡ 히 네
밝 고고운 노랫가락

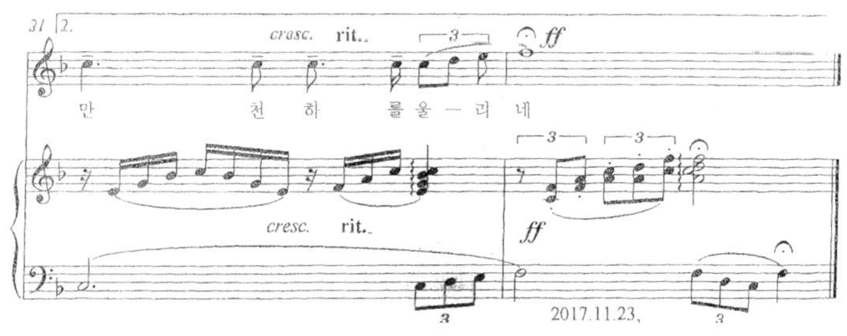
31
2.
cresc. rit.
ff
만 천 하 를 울 ㅡ 리 네
2017.11.23,

덧붙이는 말

제 스무 번째 시집 「연리지의 꿈」을 출간한 뒤, 생각지 않게 이 시집에 대한 시평을 접하게 되었습니다. 평론가 박철영님이 「인간과 문학」에 〈낯섦의 부재에서 치환해낸 자연의 시어〉라는 제목으로 쓴 글이었습니다.

비록 인용된 시들이 이번 시집 「영혼의 아침」에 들어있지 않은 것일지라도, 제 시를 이해하는데 도움이 되겠다는 믿음과 박철영님의 정성에 대한 감사함의 표현으로 이 평설을 여기에 싣게 된 것이니 많은 이해 있으시기를 바랍니다.

낯섦의 부재에서 치환해낸 자연의 시어

- 김계식 시집《연리지의 꿈》을 중심으로

박철영

–

psteelp@hanmail.net

자연과 맞닥뜨리는 촉수는 사물을 바로 보는 의식이고, 자아가 외부 세계로 나가는 유일한 통로이다. 그 첨예한 접점에서 발현한 자의식으로 시적 상상력은 형상화에 다다른다. 시의 세계로 내재화된 자연은 삶의 경계를 여지없이 허물어 낸다. 그러한 작업이 환원되어 건강한 시어로 추수됨을 알 수 있다.

나는
무리의 질서를 존중하는
한 마리의 일벌

– 시 〈몰락〉 부분

비록 부분을 보여주지만, 전체를 나타내주기에 충분

하다. 이 시구를 통해 시인의 시적 방향성과 삶의 정신을 가늠해볼 수 있다.

여기에 "나는/한 마리의 일벌"이었다며 기나긴 침묵을 고해하는 성사를 마저 이룬다. 시인의 고백을 통해 단정할 수 있는 것은 공감할 수 있는 비애와 슬픔과 통증에서 비롯되는 아픔이 생애로 통시通時를 이루고 있음을 직감할 수 있다. 시대를 관통해온 체험의 공감에서 오는 의식으로 시적 발원지를 시〈틈 건너온 새〉에서 일말을 엿볼 수 있다.

"독일 광부와 간호사/월남전에 다리 하나 놓고 온 전사 등 디딘/가난 까맣게 모르는 손주새끼들/동물원으로 새보러 간다/(중략)/어제 오늘로 건너온/우리네 삶의 틈새를 함께 건너온/갖가지 새/그 새보러 간다"며 당시의 시골에서 흔히 볼 수 있는 과거를 현실과 빗대어 사회적 불편함을 고발한 시다.

그러한 틈새는 여전할 것이고 머지않아 주류가 될 것이 자명하다. 자신 이외의 남을 인정하지 않는 사회의식을 점잖게 질타하는 모습마저 낯 설지가 않다. 오랜 시간을 제도권의 교직에 몸담아온 까닭이다. 시〈나도 너의 너다〉에서 "남의 이목이라고는 아랑곳없는/가면무도회의 표정"보다 더 심각한 "빗살무늬 토기 깨진 조각 찾을 수 없다고/플라스틱 조각으로 때워 놓은 꼴불

견"의 세상을 우려스럽게 바라본다. 개인적 체험에서 얻을 수 있는 사유가 사변적 감동만은 아니듯 사회의 부조리에서 오는 불편한 불화의 시적 발화는 시인으로는 꼭 필요한 사명이다. 그러한 의식은 역사의 일면인 역사의 현장에서도 지나치지 못한다.

시〈제자리걸음인 좌와 우〉는 지리산 자락 하동 북천면의 이병주 문학관을 둘러보고 느낀 감상을 술회한 시임을 알 수 있다. "검은 뿔테 안경 짙은 콧수염 뭉툭한 곰방대/추키고 쓰다듬고 어루만지던 손길/지금껏 좌와 우 하나 되지 못한 뭇사람들의 상념마냥/문학관 밖 고샅만 어설피 뱅뱅 돌고 있네"라며 시인의 문학적 해명까지 곁들이고 있다. 과거의 현실이 시로 틈입하고 자아는 시로 불순한 잡식을 허용한다. 그것이 가능할 수 있는 것은 자연의 천이遷移처럼 삶을 인식한 자아에서 비롯된다. 더욱이 내면의 관용으로 전부가 아닌 일부만이 발화를 거칠 때는 아예 그마저도 보류되기 십상이다. 그러한 작업이 시인에게는 문학적 통념으로 내재화되고 서정의 공간으로 재인식된다.

시인의 근원적 욕망은 자연을 찾아가는 것이다. 시의 결을 따라가다 보면 몸과 마음이 자연의 결을 응시하고 있음을 보여준다. 김계식 시인의 시는 세계로 다가온 자연 속 풍경에서 시작되었고 과도하거나 때로는 빈약할 수밖에 없는 풍경 속 텍스트를 내면화하는 노력으로 추수되고 있다. 풍경의 실체인 내면을 인식한 순간 김계식의 시에서는 살아있는 자연의 전언을 아포리즘처럼 담아낸다. 그러한 풍경은 내, 외부를 망라하고 이미 소멸해버린 과거의 어딘가를 향하기도 하지만, 현재와 미래를 아우르고 있다. 시선의 초점은 항상 부침 없이 성장하는 도시의 중심이 아닌 도시 바깥을 향하고 있다. 도시의 틀은 견고한 제도 속에 갇혀 시인의 시 세계로는 치유나 휴식을 취할 공간이 아니라는 것이다. 소모와 피폐를 수반하는 도시에서는 모든 것이 〈뒤죽박죽〉이 될 수밖에 없다. "전주 중앙시장 계란 직판장 유리문에/'계란 없습니다'./아예 계란이 없다는 건지/팔아야 할 계란이 없다는 건지//AI로 살처분한 닭이/오늘 현재로/이천오백만 마리"를 깡그리 죽이고도 잘살아가는 나라가 대한민국이고 국가를 아작 낸 최고의 권력자도 모른다고 해버리면 아무 일 없는 나라라고 불편함을 토로한다. 정말 죽어야 할 사람도 잘사는 나라라는 현실에 "모든 걸 새로이 시작했으면 좋겠다는 생각"으로 분노하지만, 그마저 혼란스럽다. 그럴 때는 시선을 다른 곳으로 돌릴 이유가 극명해진다.

자연에 은둔하는 삶은 은일적 노장사상이고 안빈낙도의 회피적 삶이다. 그러나 시인은 그러한 경계를 절대 넘지 않는다. 눈과 귀가 더러워졌을 때는 자연 속으로 찾아 들어가는 것이 최고다. 자연으로 분리된 공간이 보기에는 누추하고 비루하지만, 오래도록 들여다보면 누추하지 않고 비루하지 않는 당당한 이유를 귀로 들을 수 있다. 섬진강 변의 물소리가 귀를 씻어주기 때문일까. 소음이라는 데시벨의 단위가 어느 지점부터 꽃잎이 벙그는 소리로 들려온다는 화개花開 장터를 향하고 있다. 〈벚굴〉을 통해 은유하고 있는 시인의 눈은 한갓 미물에 불과한 '벚굴'을 통해 시인의 속말을 전하고 있다. "오직 하나 아직도 입술 꼭 여민 벚굴/담수의 맑은 물 쪽도/짭짜름한 해수 쪽도 편 들지 못해/훈풍도 모르쇠 거칠게 앙다물고 있"는 벚굴의 모습에 쉽게 다가갈 수 없는 생리적 불편함을 표출한다. 몸으로 감지한 자연과 시인의 의식이 동화할 수 있는 시간이 아직은 더 필요하다. 자연과 오랜 단절에서 오는 모음으로 "만삭된 벚꽃망울들/오백오십 리 줄달음쳐 달려온/섬진강 짠한 역사며/푸른 바다 일렁이며 다독인" 세월의 전언을 통해 여기까지 달려온 이유를 알게 된다. 자연을 통해 두툼해진 서정의 시선은 벚꽃이 벌어지는 찰나에서 멈추지 않고 더 깊어진다. 그 너머 '벚굴'의 꽉 다문 입속에서 발화되지 못한 묵음의 의미까지 치환해낸다. 시인의 시 세계 속 풍경에는 자연과 친화하여 치유되고자 하는 의미 이상의 성찰까지 다다르고 있다. 성찰은 때가 되어야만 가능한 것이고 어느 만큼의 연륜에 다다라서야 가능한 일이다. 하찮게 보였던 것들이 예사롭지 않게 보이기 시작하는 때가 지천명知天命 이후다. 그래서 '명량鳴梁'은 단순한 〈명량〉이 아님을 알 수 있다. "울돌목 〈명량〉의 거센 물결/바다 밑 돌을 울리고/짠한 역사 엮어가는 자/마음 울리"는 하늘의 소리를 들을 수 있는 것도 겸허히 다가간 자연에서 비롯되었음을 알 수 있다. "살려는 자 죽을 것이요/죽으려는 자 살 것이라"는 순명의 소리가 이순耳順이다. 순명順命은 자연에서만 들을 수 있는 지엄한 천명天命이다.

헌 나무 질통
가늘게 쪼갠 대나무로 테를 맨다
금간 옹기동이
두툼한 무명베로 배접褙接한다

헌옷 같은 편함이 좋아서
나보다 더 나를 잘 아는 게 좋아서
얽어매고 때우고 꿰매고 붙이고

끊기려는 명줄을 이으려 애를 태운다

해거름
황혼이라고 믿은 서글픔 위로
언뜻언뜻 내일의 일출 얼비침에
살며시 쥐어지는 생명선

타의로만 믿었던 의지가
슬금슬금 자의로 터 잡음에
엉거주춤한 엉덩이 땅바닥에 부리고
참 오랜만에 느껴보는 편안함

– 시 〈연명〉 부분

김계식 시인은 이미 그러한 연배를 훌쩍 뛰어넘은 칠십이종심소욕七十而從心所欲, 불유구不踰矩에 이르렀다. 내 마음이 원하는 바를 순연히 따르는 것이어서 법도에 어긋날 수 없다는 것이다. 공자는 학문을 통해 죽음의 예禮를 삶의 예禮로 전환해 낸 학學을 실천한 사람이다. 공자와 달리 자연을 학學의 근본으로 삼고 살아온 시인의 시 세계는 아름답고 웅숭깊을 수밖에 없다. 자연을 답사하며 깨달은 가치는 의미 그 이상이다. 질통이 수명을 다하면 느슨해진다. 이것을 더 사용하기 위해 조여 줘야 한다. 대나무를 깎아 조이는 데 사용하는 테를 만든다. 잘 빚어진 옹기동이도 흙에서 나오고, 사용하다 깨진 옹기를 때우는 데 덧댄 두툼한 삼베 그 또한 흙에서 나온 동질이다. 그러려니 하며 보아 넘길 수 있는 일상이 예사롭지 않게 보이는 시점이 곧 깨달음이다. 억지처럼 들이대지 않아도 시〈연명〉에서 "헌옷 같은 편함이 좋아서/나보다 더 나를 잘 아는 게 좋아서/얽어매고 때우고 꿰매고 붙이고/끊기려는 명줄을 이으려 애를 태"우는 모습이 우리였음을 상기한다. 더 시간이 지난 어느 때인가는 시인에게도 예감할 수 있는 "해거름/황혼이라고 믿은 서글픔 위로/언뜻언뜻 내일의 일출 얼비침에/살며시 쥐어보는 생명선"을 가늠해 보는 여유마저 가능해졌다. 해가 저무는 곳은 언제나 서쪽 하늘이고 어둠도 서쪽으로부터 다가온다는 자연 법칙을 이미 헤아리고 있다. '연명'은 생과 죽음에 대한 자유 의지까지를 함의하고 있다. 시인의 인식 속 자연과 삶의 경계에는 보이지 않는 문이 존재한다. 그 문을 오가며 시인의 삶을 검열하기를 주저하지 않는다. 그렇다고 매번 검열을 통해 시적 성찰에 이르러야 하는 것은 아니다. 자연의 본래 모습을 간직한 고단한 몸 대신 눈길은 아슴한 기억 너머의 모성을 종종 찾아간다. 까마득히 잊다가도 바람처럼 이는 추억 속의 사립문을 열면 단박에 눈 성그는 어머니를 볼 수 있다. 하지만, 현실은 이미 반실불수가 되어 버린 사립문처럼 시인은 〈공황〉상태를 직감한다.

바람의 발길에 채인 사립문이
반신불수 된 체 어렵사리 기대어 선
그 안쪽

온갖 잡동사니 풀들이 터를 잡은 마당
외래종인 노란 민들레
집주인인 양
제 마음대로 나눈 식민지에 지번을 매기는데

짚신 한 짝 외로이 놓인 댓돌을 디딘 시선
열린 방문 너머로 바라본 아랫목 횃대에는
집안의 역사만
주렁주렁 거미줄로 매달려 있고

빼꼼히 정지문 열고 서 계시는 어머님 모습
전기는 있지도 않았던 그곳에
13촉 알전구 불빛마냥
어른거리는 내 고향집

오늘밤에는

어머님의 전화번호 찾지 못해

너른 광야를 또 얼마나 헤매야 할지

벌써 정신이 멍멍한 내 마음의 공황.

— 시 〈공황〉 전문

누군가를 잊어야 하지만 쉽게 잊히지 않는 것이 인연이다. 인연 중에서 모질도록 그리운 인연이 어머니다. 언젠가는 찾아오는 죽음을 통해 아픈 이별을 안고 남은 사람은 살아가야 한다. 그토록 극한 슬픔도 시간이 흘러 삭이자면 애처로운 그리움이 된다. 그럴 때마다 목매도록 더 그리워지는 것이 어머니의 손때가 묻은 고향 집이다. 텅 빈 시골집을 찾아간 시인은 그래도 어딘가에 있을 어머니의 흔적을 놓칠 수 없다. 아무리 찾아보지만, 어머니는 보이지 않는다. 잊을 수 없는 빈집에 촘촘히 걸쳐진 거미줄마저 더 애처롭다. 막막한 날이다. 〈사모곡〉에서는 "어머니의 굽은 등/그리운 눈빛으로 바라보다가/문득 저 아래쪽 여윈 볼기로 깔고 앉은/서러운 새끼 타래를 보았습니다."라며 자신의 철없던 시절을 회상하고 있다. 타래는 울타리에 심어 붉은빛이 돌 즈음 잘 익은 열매를 따서 처마 밑에 매달아 두었던 약한 아이에게 약으로 달여 먹는 약재다. 그런 타래마저 어머니의 손길이 닿은 의미로 감지한다. 추운 달밤에도 새끼줄을 꼬아 가족을 챙겨온 과거까지 회상하는 것은 덤으로 얻은 서정이다. 타래로 자극된 이미지가 과거의 시간으로 되돌려지며 의미가 확장됨을 보여준다. 그렇다고 마냥 어머니에 대한 회상에 머물러 있을 수만은 없다.

오랫동안 걸어온 길이 너무 아득해 보인다. 그 길은 그 누구도 알려주지 않아 스스로 찾아 나서거나 물어 찾아가야만 닿을 수 있는 시원의 길이다. 닿았지만 정주할 수 없는 고된 업이라면 그것은 평범한 사람의 길이 아님을 알아낼 수 있다. 인간의 시작과 끝은 끝없는 유목일지 모른다. 어머니의 모태를 벗어난 발걸음을 떼면서부터 시작되는 습성은 주변으로의 영역 확장으로 비롯되고 삶의 근원을 이룬다. 유목적 삶의 근경에 서식하는 다양한 환경과 매번 부딪치면서도 변할 수 없는 것이 있다. 시어를 통한 모성으로의 회귀 지향은 모태인 자연언어를 기억하고 있기 때문이다. 시어의 본질은 언어이고 그 중심에 시가 자리하고 있음을 부인할 수 없다. 시인의 사변적 일상은 시의 관심으로 유발되고 시로서 다시 태어나고 비로소 하나의 가치를 지닌 시로서 명명됨을 볼 수 있다. 사실 주변의 환경에 무심해져 버린 사람들이 사는 세상이 요즘이다. 하물며 사람이 잘못되어도 무심한 세상인데 길가에 있는 듯 없는 듯 처박혀 있는 우체통쯤이야 별 대수가 아니다. 모두가 무관심하게 방치한 녹슬어 가는 우체통을 그냥 지나치지 못한다면 그것이 오히려 문제가 되는 세상이니 말이다. 녹슬어 간다는 것 자체가 함의하는 종착은 소멸이다. 언젠가는 시간이 문제이지 녹슨 철이란 그 자체가 산화되어 흙으로 돌아가는 것은 사람처럼 같다. 사실 사람이 흙으로 돌아가는 과정의 긴 여정 자체가 곧 눈물이고 마음 찡하도록 아픈 통증이다.

〈녹슬어가는 세월〉도 그 범주에서 크게 벗어나지 않다는 것을 보여준다. 누구나 존재감을 보여주며 살아가고 싶지만, 그럴 수 없는 문제가 현실이다. 우체통도 스스로 가슴앓이처럼 아파하다 사라져야만 하는 "골목길 어귀에서/부양가족 없는 외톨이로/시름시름 앓고 있"는데 누구 하나 보듬어주지 않고 되려 "철딱서니 없는 똥개 한 마리/왼쪽 뒷다리를 들고/질펀하게 오줌 갈겨/제 영역을 농하게 그려놓으면//정신 오락가락하는 빨간 우체통/제 눈물인 양/퀭한 마음 밭에 담긴 찬바람 쓸어안고/징징 울고 있는 꼬락서니가/그냥 짠하다'며 어쩔 수 없는 현실을 수용하고 만다. 그렇다고 여기에서 모든 것을 놓아버린 것이 아니다. 시인의 시 세계는 의식의 해체를 통해 무망해진 욕망을 놓지 않는다. 성찰까지는 아니더라도 의식의 전환을 시도하기를 멈추지 않는다. 〈균형 잡기〉에서 "나무에 매어놓은 찌러기//한 방향으로 잡아 돈 외고집/끝내/벌건 콧구멍으로/날선 아픔을 쌕쌕 뿜고 있다"며 시인의 자의식을 바라보는 시점에서 끝나지 않고 도발적 인식으로 전환해낸다. 그러한 인식의 전환은 존재의 의미로 발화한다. 시인만이 인식한 구체적인 서정의 공간에 그냥 달덩이가 아닌 둥글다는 달을 띄워 올렸다.

둥근 달덩이였다
가느다란 외줄기쯤
깊숙이 감춘
그럴싸한 함성이었다

초점은
그 작디작은 꼭지였던 것

그저 여린 끈의 끄트머리인 줄 알았더니
탄소 소재로 된 질김의 상징이었고
지구를 통째 빨아들이는
생명의 빨대였다

– 시 〈배꼭지〉 부분

발화된 시어가 우선 감각을 자극하는 질감으로 다가온다. "둥근 달덩이"라는 실재 이미지가 감각되어 떠오르고 이어 "함성"은 청각적 분별까지 요구한다. 그러면서 다시 "빨대"라는 미각적인 음미를 강요한다. 그러다 기어이 시각을 자극하여 숨겨진 의미를 읽어내도록 장치하고 있다. 시인의 눈빛을 꿰뚫고 있는 배의 꼭지다. 그 작은 꼭지를 통해 달덩이 같은 풍만한 배를 키웠다. 그토록 풍성함으로 충만한 배를 키워 내기까지의 이력은 시련을 참고 견딘 내력이다. 단단한 결속의 이음새마다 흔들리지 않도록 견고하게 지탱해 준 꼭지가 있었음을 환기하고 있다. 과거의 한 때 시인도 자신만의 아집으로 "지구를 통째 빨아들이는/생명의 빨대였"음을 진술하고 있다. 생물적 기능에 불과한 배 꼭지에 우리가 상상할 수 없는 생명성이 함축된 가계家系를 이루고 있다. 단순한 시어의 나열에도 시어에 대한 관심의 집중은 균일하게 재배분되어지고 있다. 기어이 의미를 획득하고 대상화의 진술에 성공한다. 이 "꼭지"라는 수유지점을 통해 개개인이 아닌 우리가 자연이라는 공간에서 공존할 수 있음을 의미한다. 자연이라는 복판에 솟은 산과 산을 이어가는 길을 따라 시인의 눈은 바쁠 수밖에 없다.

〈가을 복판에 들어서다〉에서는 기왕에 "짙게 그린 도

계道界쯤은/허공에 그린/어느 곳에서도 찾을 수 없는 헛금//내장산 무르익은 단풍/추령고개 넘으며 갈탄 목축이려/장성호를 굽어볼 즈음/백양사 추켜세운 울창한 숲 덩달아 고왔다"는 시인이 자연 속의 일부로 동화되어 간다. 자연은 이미 시인의 가슴 안에 있는 상상의 자연이 아닌 몸이 먼저 욕망하는 자연이다. "산골 아낙네들 앞서 품은 가을바람/살진 감 곱게 전 벌이고/제 마음의 정까지 흥정하고 있는" 내장산의 풍경은 정지되고 갇힌 서정이 아닌 열린 자의식으로 인식되고 자연에 동화되어가는 시적 공간으로 자리 잡는다. 그러나 자연의 이면에 터를 잡은 산골 아낙의 "살진 감"은 결코 붉은 가을의 서정과 비례한 것만은 아니다. 먹고사는 생존과 직결되는 자연과 인간의 경계에서 붉어지는 가을이 첨예한 대립을 완충하고 있음을 간과해서는 안 된다. 산골 아낙에게는 하루가 천금처럼 애끓는 생계다. 태생적 가난을 체험한 시인은 다만 속내를 내보이지 않을 뿐, 이미 다른 세계를 통해 고단한 전언을 마다하지 않는다. 시인의 촉수는 전신全身이다. 한순간도 생각을 멈추거나 쉬지 않고 대상을 살핀다. 〈더듬이 짓〉처럼 생각을 좇아 몸이 뒤따라간다. 다가가려는 곳은 보이지 않은 미지의 자연 속이거나 자연의 일부로 흡수되어 흔적조차 없는 풍경만 남은 전설일 수도 있다. "미지는 언제나/낯선 들어섬 앞에 두려움으로 무장한다//마라난타 존자가 멀고 먼 극동/백제에 첫발을 붙인 그 깊은 뜻이나/불갑사 대웅전 삼신 불좌상이/왜 동쪽을 향해 앉았는지/아둔한 자가 어찌 알 수 있을까"라며 반문한다. 진리를 향한 탐문은 오랜 동안의 사유를 수반하는 자연에 대한 응시로 나타난다. 그 응시는 표면에 응전된 시간까지도 꿰뚫는 날카로움이다. 백수 해안도로를 따라 시인처럼 찾아들었던 수백 년 전의 마라난타 존자를 떠올린다. 낯선 곳에 대한 탐색은 두려움이 따르지만, 시간이 지나면 보편적 가치를 벗어나지 못한다. 사람 사는 거나 만물이 피고 지는 것마저 크게 다를 바가 없다는 인식에 다다른다. "잎과 꽃/만나지 못한 상사화의 서러움"을 통해 "또 한 삶의 서툰 행보"를 내디딜 수밖에 없음을 자각한다.

티베트 사람들은 평생의 소원으로 오체투지를 통해 삶을 훌훌 벗어던지고 라싸까지 갖은 고행을 마다하지 않는다. 어찌 보면 시인은 티베트 사람들처럼 헛헛한 생의 덧없음을 깨닫기 위해 자연을 순례하며 마음을 청결히 하는 의식을 수행하는지 모른다. 그러한 방향성이 시에서 표출되고 있지만, 사유의 접점은 아쉽게도 이해가 가능한 코드에서 정물화靜物畵되고 만다. 자연의 순례에서 만나는 서경敍景을 더 강한 상징으로 환유하지 못하고 마는 아쉬움이 크다. 〈비에 젖은 나제통문〉의 “나제통문 지나/무풍 땅에 들었더니/억양 다른 말소리에 귀가 막혔다//적상산 붉은 치마폭/보드라움으로/닦아내고 닦아내도 끄떡없더니”라며 자연 속 풍경에서 서사적 의식으로 발화한다. 하지만 “무슨 필설로 이 우매를 타이를 것인가”라며 감상적 애수에서 시적 치환으로 더 진전되지 못한다. 〈연리지의 꿈〉에서도 “기어코 그 꿈 이루고 말리라는 믿음에/너 아닌 나로/나 아닌 너로/똑 같은 크기의 나이테를 그려내고 있다”며 유사성을 보여준다. 이어 〈두 줄기 빛〉의 “다 잊고/오순도순 우리의 마음 하나로 섞은 빛/저 동산에 내거는 쌍무지개로/앞서거니 뒤서거니 그냥 어울려 살아가자고요”에서처럼 시 세계에서 보여주고 있는 친숙함은 사실 낯섦의 부재에서 오는 위안일 수밖에 없다. 낯섦의 부재라는 것은 유형의 반복으로 시적 긴장감을 떨어뜨려 과소비를 유발한다. 물론 일부는 문학적 가치로 환수되겠지만 말이다. 그러한 낭비를 감소시키기 위해서라도 자의를 배제한 시대적 통증이 내재된 구체적 발화가 요구된다. 그것은 자연을 통한 언어의 분화에서 확장된 타자성을 환기해야만 가능하다. 그러한 징후의 기미는 멀리 있지 않다. 시인의 시속에서 맹아의 촉이 이미 발현하여 있고 배를 띄울 강물도 남상濫觴에서 비롯됨을 인식하고 있다.

촉
촉이올시다

어둠을 뚫고 나가는
구부러짐 없는 한 가닥 밝은 빛이요
정적을 뚫고 나가는
날카로운 한 줄기 소리올시다

추녀 밑 단단한 돌에 동그란 확을 파는
끊임없는 물방울 그 힘의 첫머리요
도도한 물줄기를 이루어 바다로 흘러가는
남상濫觴이올시다

– 시 〈꿈의 씨눈〉 부분

화랑의 금석문에 새긴 맹세처럼 이 시를 통해 시인은 무언가에 대한 단단한 결의를 내비치고 있다. 그 대상은 오로지 시인만이 알고 있다. 촉을 화살에 매달면 끝없이 날아가 과녁을 맞힌다. 촉은 때로 감感보다 앞서는 혜안이거나 마른 땅을 비집는 강한 힘을 가진 여린 새싹이기도 하다. 그렇기에 시인에게 있어 '촉'은 보편성에 담보된 언어 체계에 대한 타격을 가할 수 있는 최상의 무기임이 분명하다. 상처를 입은 언어들은 새살을 돋우려는 강한 의지의 촉수를 드러낼 수밖에 없다. "추녀 밑 단단한 돌에 동그란 확을 파는/끊임없는 물방울 그 힘의 첫머리요/도도한 물줄기를 이루어 바다로 흘러가는/남상濫觴"임을 진술하고 있다. 따라서 시는 서술하지 않는다. 시적 감수성이라는 상투성을 탈피하고 차별성을 획득하려는 날카로운 의지의 '촉'이 몹시 기대되는 시점이다. 그것은 김계식 시인의 시가 가질 최고의 희망이기에 놓칠 수가 없다. 〈그릇 비우고〉에서처럼 "우 하니/제 뿌리 쪽을 향해 쏟아지는 낙엽"마저도 고단한 사계절의 추수라고 본다면 충분한 이유가 된다.

김계식 시집 23

영혼의 아침

인 쇄 2019년 3월 8일
발 행 2019년 3월 14일

지은이 김계식
발행인 서정환
펴낸곳 신아출판사
주 소 전라북도 전주시 완산구 공북1길 16
전 화 (063) 275-4000
팩 스 (063) 274-3131
이메일 sina321@hanmail.net
출판등록 제465-1984-000004호
인쇄 · 제본 신아출판사

ISBN 979-11-5605-611-9 03810
값 10,000원

이 도서의 국립중앙도서관 출판예정도서목록(CIP)은 서지정보유통지원시스템 홈페이지(http://seoji.nl.go.kr)와 국가자료공동목록시스템(http://www.nl.go.kr/kolisnet)에서 이용하실 수 있습니다. (CIP제어번호: CIP2019008834)

Printed in KOREA

※ 이 책은 지역문화예술육성지원사업의 지원을 받았습니다.